Género No ficción

I0799603

Pregunta esencial

¿Cómo sobreviven los animales en la naturaleza?

El martín pescador

Luciano Bello

Capítulo 1

¿Cómo es el martín pescador?

Mira ese pajarito posado sobre una rama a orillas del río. Para quien quiera saber... ¡es el martín pescador!

El martín pescador es un pajarito muy **particular**. Su plumaje es de colores brillantes. Los colores más comunes son rojo, azul y blanco. Tiene pintitas blancas en su cola larga. En la cabeza tiene un copete. También luce un collar de plumas blancas y claras.

Este pajarito es pequeño. Sin embargo, tiene el pico muy largo. ¡Lo necesita para pescar en el río! Por eso se llama *martín pescador*. En algunos países también le dicen *martín del río*.

Capítulo 2

¿Cómo pesca el martín pescador?

Posado en la rama, el martín pescador mira fijamente el río. Está atento a todos los movimientos del agua. ¿Estará buscando comida? ¡Claro que sí! Este pajarito se alimenta de lo que pesca con su pico.

De repente, el martín pescador hace un clavado en el río. ¡Qué susto para los peces! En el río, nuestro amigo se dará el gusto de **capturar** un pez.

Ahora sale del agua con su **presa** en el pico. El martín pescador caza peces, insectos, lagartos o ratones pequeños. Luego golpea a su presa contra una rama o una roca.

Este martín pescador sale del agua con un pez.

Capítulo 3

¿Cómo es su nido?

El martín pescador va volando a la orilla. Seguramente busca su nido. Es un hoyo muy hondo que el pájaro ha cavado en la tierra. Lo ha cavado junto con su pareja.

El martín pescador cava su nido en la tierra.

El nido del martín pescador es un laberinto. Allí puso sus huevos. En general, la hembra pone de tres a cinco huevos. Tanto ella como el macho se ocupan de empollar los huevos. ¡Pronto habrá polluelos en el nido! Se quedarán allí durante 35 días.

Los bebés no comen pescaditos. ¡Son demasiado pequeños! Comen **larvas** y libélulas. También les gustan las babosas y algún insecto.

Capítulo 4

¡Búscalo en los ríos!

Este pajarito tan especial vive en todo el mundo. Siempre lo hallarás cerca de un río. Lo verás posado en una rama o haciendo un clavado.

Respuesta a la lectura

Volver a contar

Vuelve a contar detalles importantes de *El martín pescador* con tus propias palabras.

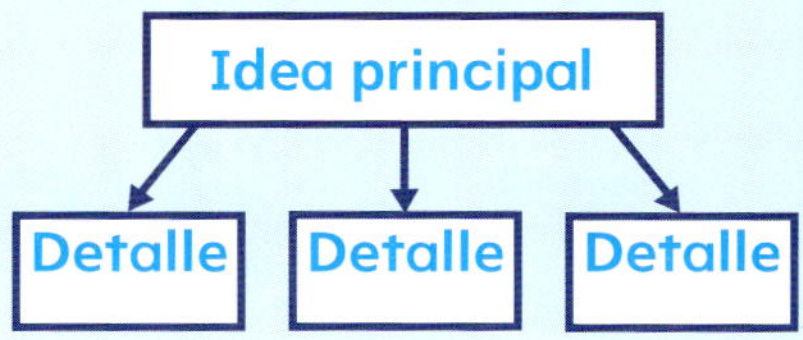

Evidencia en el texto

1. Mira la página 4. ¿Por qué el martín pescador tiene el pico muy largo?
   Idea principal y detalles clave

2. ¿Cuál es la idea principal del Capítulo 3? **Idea principal y detalles clave**

3. ¿Cómo sabes que *El martín pescador* es un texto de no ficción? **Género**

Género Poesía

Compara los textos

Lee un poema acerca de otro tipo de ave.

Todos los pollitos

Damián Baruch

Todos los pollitos
caminan en fila
siguiendo los pasos
de mamá gallina.

La mamá les busca
algo de comida,
y los pequeñitos
pían de alegría.

"¡Hora de la siesta!"
dice la mamá,
y ya los pollitos
dormidos están.

Haz conexiones

¿En qué se parecen los pollitos al martín pescador? **El texto y otros textos**

Glosario

capturar atrapar un animal o cosa que ofrece resistencia; cazar ***(página 6)***

larva animal en desarrollo, que ya ha salido del huevo pero aún no es adulto, por ejemplo un renacuajo o una oruga ***(página 9)***

particular especial o extraordinario ***(página 3)***

presa animal que es cazado o pescado ***(página 7)***

Índice

Enfoque:
Ciencias

Propósito Observar animales silvestres que viven a nuestro alrededor

Paso a paso

Paso 1 Observa qué animales silvestres hay en tu vecindario.

Paso 2 Haz una tabla como esta y complétala.

Animal	Dónde estaba	Qué hacía

Paso 3 Escribe un breve artículo de no ficción acerca de alguno de los animales que observaste. Ilustra tu artículo y muéstralo a la clase.

Conclusión Conversa con un compañero acerca de lo que aprendiste.